LEARNING FRENCH FOR BEGINNERS, stage 1

STAGE 1

LEARNING

FRENCH

FOR BEGINNERS

INVADER

INTRODUCTION

This course is for beginners who know little or no French. It is designed to teach conversational French which suits modern everyday life in France.
There are three books and tapes in the course. Each book contains six lessons. Each lesson contains:

- Conversation (a conversation on the tape with the text in French and English in the book).
- Vocabulary (a list of words used in the conversation, with examples of their use in a sentence).
- Grammar (a new section of grammar is introduced in every lesson).
- Exercises which give written practice in translating from French to English, and from English to French, and exercises in pronunciation.

After three lessons there is a test to give extra practice at speaking and writing.
The tapes contain the same material as the books. The idea is to follow the spelling and meaning in the book at the same time. You will see two symbols in the books:

🎤 means that you should repeat the French on the tape.

📼 means that you should listen to the French and follow it in the book.

Occasionally, French does not translate very exactly into English – for example, where a colloquialism is used. In this case, an everyday English form has been chosen rather than a stilted literal translation.
Enjoy learning French.

Bonne chance!
Good luck!

1
En ville

In the town

Conversation

Conversation

Ecoute très attentivement la conversation.
Listen very carefully to the conversation.

P. Ohé! Robert!
Hey! Robert!

R. Oh! Voilà Pierre. Salut, Pierre!
Oh! There's Peter. Hi, Peter!

P. Salut, Robert.
Comment vas-tu?
Hi, Robert.
How are you?

R. Bien, merci.
Et toi?
Fine, thanks.
And you?

P. Pas mal.
Not bad.

R. Qu'est-ce qu'il y a?
What's up?

P. Je n'aime pas faire les courses avec ma mère.
I don't like shopping with my mother.

R. Ta mère?
Your mother?

P. Oui, ma mère est dans le magasin.
Je dois l'attendre.
Yes, my mother is in the shop.
I have to wait for her.

R. Ah, je comprends.
Ah, I understand.

P. La voilà.
Robert, voici ma mère.
Maman, voici mon ami Robert.
There she is.
Robert, this is my mother.
Mum, this is my friend Robert.

R. Enchanté.
Hello.

M. Bonjour!
Hello!

P. Maman! Ton sac!
Mum! Your bag!

R. Attention!
Watch out!

M. Bon Dieu!...
Goodness!...

R. Laissez-moi vous aider, madame.
Let me help you, Mrs Lebrun.

M. Merci beaucoup.
Thank you very much.

R. De rien.
Don't mention it.

Vocabulaire

Vocabulary

Maintenant c'est à toi. Ecoute attentivement et répète les phrases.
Now it's your turn. Listen carefully and repeat the sentences.

Salut! Je m'appelle Pierre.
Hi! I am called Peter.
Salut! Je m'appelle Pierre.
Salut! Je m'appelle Pierre.

Voici Robert.
This is Robert.
Voici Robert.
Voici Robert.

Bonjour!
Hello!
Bonjour!
Bonjour!

Robert est mon ami.
Robert is my friend.
Robert est mon ami.
Robert est mon ami.

Voici ma mère.
This is my mother.
Voici ma mère.
Voici ma mère.

Enchanté, madame Lebrun.
Hello, Mrs Lebrun.
Enchanté, madame Lebrun.
Enchanté, madame Lebrun.

Ohé! Robert!
Hey! Robert!
Ohé! Robert!
Ohé! Robert!

Voici votre sac, madame Lebrun.
Here is your bag, Mrs Lebrun.
Voici votre sac, madame Lebrun.
Voici votre sac, madame Lebrun.

Merci beaucoup, Robert.
Thank you very much, Robert.
Merci beaucoup, Robert.
Merci beaucoup, Robert.

De rien.
Don't mention it.
De rien.
De rien.

Voici les mots que tu dois connaître:
These are words which you must know:

aimer
to like,
to love

J'aime faire les courses.
I like shopping.

comprendre *to understand*	Je comprends. *I understand.*
aider *to help*	Il aide son ami. *He helps his friend.*
laisser *to let*	Laissez-moi vous aider. *Let me help you.*
s'appeler *to be called*	Je m'appelle Pierre. *I am called Peter.*
faire *to do, to make*	Je dois faire les courses. *I have to do the shopping.*
mère, la *mother*	J'aime ma mère. *I love my mother.*
ami, l' (m.) *friend*	Voici mon ami Robert. *This is my friend Robert.*
magasin, le *shop*	Ma mère est dans le magasin. *My mother is in the shop.*
sac, le *bag*	Fais attention à ton sac! *Be careful with your bag!*
courses, les (f.) *shopping*	Ma mère fait les courses. *My mother does the shopping.*
bon · bonne *good*	Robert est un bon ami. *Robert is a good friend.*
mal *bad*	C'est mal. *It's bad.*
madame *madam*	Laissez-moi vous aider, madame. *Let me help you, madam.*
salut *hi*	Salut, Pierre, comment vas-tu? *Hi, Peter, how are you?*
ohé *hey*	Ohé, Robert! *Hey, Robert!*

enchanté *hello, delighted, pleased to meet you*	Enchanté, madame Lebrun. *Hello, Mrs Lebrun.*
merci *thank you*	Merci, Robert. *Thank you, Robert.*
merci beaucoup *thank you very much*	Merci beaucoup, Pierre. *Thank you very much, Peter.*
de rien *don't mention it*	Merci, Pierre! De rien, Robert! *Thank you, Peter!* *Don't mention it, Robert!*
voici *here is, this is*	Voici ma mère. *This is my mother.*
voilà *there is, that is*	Voilà mon ami. *There is my friend.*
un - une - des *a, an, some*	un ami - une mère - des courses *a friend, a mother, some shopping*
le - la - l' - les *the*	le sac - la mère - l'ami - les magasins *the bag, the mother, the friend, the shops*
et *and*	Pierre et Robert sont des amis. *Peter and Robert are friends.*
dans *in*	Maman est dans le magasin. *Mum is in the shop.*

Grammaire

Grammar

Voici le verbe "être". Répète chaque phrase.
This is the verb "to be". Repeat each phrase.

je suis	tu es	il est	elle est
I am	*you are* (singular)	*he is*	*she is*
je suis	tu es	il est	elle est
je suis	tu es	il est	elle est

c'est	nous sommes	vous êtes	ils sont
it is	*we are*	*you are* (plural)	*they are*
c'est	nous sommes	vous êtes	ils sont
c'est	nous sommes	vous êtes	ils sont

être	***to be***
je suis	*I am*
tu es	*you are*
il est	*he is*
elle est	*she is*
c'est	*it is*
nous sommes	*we are*
vous êtes	*you are*
ils sont / elles sont	*they are*

Exercices

Exercises

Traduis en français:
Translate into French:

Exercices n° 1 & 2
Exercises 1 and 2

1. *I am*
2. *we are*
3. *you are (pl.)*
4. *you are (sing.)*
5. *she is*
6. *it is*
7. *they are (the girls)*
8. *he is*
9. *Peter is*
10. *Robert and Peter are*

1. *How are you? Fine, thanks.*
2. *Pleased to meet you.*
3. *Robert is my friend.*
4. *My mother is in the shop.*
5. *I am called Robert.*
6. *She is in the shop.*
7. *Here is your bag.*
8. *She is my mother.*
9. *Thank you very much. Don't mention it.*
10. *There is my mother.*

Chanson

Song

Ecoute attentivement cette chanson.
Listen carefully to this song.

Salut

On dit parfois
sans rire de joie:
"Bonjour madame,
bonsoir monsieur."

Pourquoi si sérieux?
Soyons plus joyeux!
Serrons la main
à tous nos copains!

Monsieur Baptiste
est tellement triste!
"Très honoré.
Très enchanté."

Pourquoi si sérieux?
Soyons plus joyeux!
Serrons la main
à tous nos copains!

Hello

People sometimes say
without joyful laughter:
"Hello, madam,
good evening, sir."

Why so serious?
Let's be more joyful!
Shake the hands
of all our pals!

Mr Baptist
is so sad!
"Very honoured.
Very delighted."

Why so serious?
Let's be more joyful!
Shake the hands
of all our pals!

2
Dans le magasin

In the shop

Conversation

Conversation

Ecoute très attentivement la conversation.
Listen very carefully to the conversation.

M. Mmm... Il est gentil, ce garçon.
Quelle heure est-il, Pierre?
Mmm... he is kind, that boy.
What time is it, Peter?

P. Il est cinq heures, maman.
Est-ce que nous allons prendre l'autobus?
It's five o'clock, Mum. Are we going to catch the bus?

M. Il est temps d'aller chez l'épicier. Le lundi, il y a toujours beaucoup de monde.

It is time to go to the grocer's. On Mondays there are always a lot of people.

P. Nous sommes mardi, maman.

It's Tuesday, Mum.

M. Ah oui?

Oh yes?

P. Oui maman. Et demain c'est mercredi et après-demain jeudi et...

Yes, Mum. And tomorrow is Wednesday and the day after tomorrow is Thursday and...

M. Ça va, ça va! Maintenant je vais chez l'épicier. Tu m'accompagnes?

OK, OK! Now I am going to the grocer's. Are you coming with me?

P. Oh non! Le mardi il y a toujours trop de monde!
Je vais déjà à l'arrêt de l'autobus.

Oh no! On Tuesdays there are always too many people!
I'm already going to the bus stop.

M. Comme tu veux.

As you wish.

O. Bonjour, madame Lebrun.

Good afternoon, Mrs Lebrun.

M. Bonjour. Un pain, s'il vous plaît.

Good afternoon. A loaf of bread, please.

O. Je le prends sur l'étagère. Voici.

I'll take one from the shelf. Here you are.

M. Et deux bouteilles de lait.

And two bottles of milk.

O. Une...deux...

One...two...

M. Et quatre œufs, s'il vous plaît.

And four eggs, please.

O. Quatre œufs... ça fait... vingt francs dix.

Four eggs... that comes to... twenty francs ten.

M. Voici 10 francs... 20 francs... et 10 centimes.

Here are 10 francs... 20 francs... and 10 centimes.

O. Il y a du poisson aujourd'hui, madame Lebrun.

There is fish today, Mrs Lebrun.

M. Merci beaucoup, mais je n'aime pas le poisson.

Thank you very much, but I don't like fish.

O. Cela ne fait rien. Au revoir, madame Lebrun.

Never mind. Goodbye, Mrs Lebrun.

M. Au revoir, monsieur Ory.

Goodbye, Mr Ory.

M. Voilà Pierre... Mais qu'est-ce qu'il fait? Pourquoi me fait-il signe?

There's Peter... But what is he doing? Why is he signalling to me?

P. Vite maman, vite!

Quick, Mum, quick!

M. C'est la danse des Indiens ça?

Is this an Indian dance?

P. J'ai arrêté l'autobus pour toi.

I've stopped the bus for you.

M. C'est vraiment gentil.

That is very kind.

Vocabulaire

Vocabulary

Nous comptons jusqu'à vingt. Répète chaque chiffre.
We are going to count up to twenty. Repeat each number.

un
one
un
un

deux
two
deux
deux

trois
three
trois
trois

quatre
four
quatre
quatre

cinq
five
cinq
cinq

six
six
six
six

sept
seven
sept
sept

huit
eight
huit
huit

neuf
nine
neuf
neuf

dix
ten
dix
dix

onze
eleven
onze
onze

douze
twelve
douze
douze

treize
thirteen
treize
treize

quatorze
fourteen
quatorze
quatorze

quinze
fifteen
quinze
quinze

seize
sixteen
seize
seize

dix-sept
seventeen
dix-sept
dix-sept

dix-huit
eighteen
dix-huit
dix-huit

dix-neuf
nineteen
dix-neuf
dix-neuf

vingt
twenty
vingt
vingt

Comptons un peu plus rapidement.
Count a little more quickly.

un-deux-trois-quatre
one-two-three-four
un-deux-trois-quatre
un-deux-trois-quatre

cinq-six-sept
five-six-seven
cinq-six-sept
cinq-six-sept

huit-neuf-dix
eight-nine-ten
huit-neuf-dix
huit-neuf-dix

onze-douze-treize-quatorze
eleven-twelve-thirteen-fourteen
onze-douze-treize-quatorze
onze-douze-treize-quatorze

quinze - seize - dix-sept
fifteen-sixteen-seventeen
quinze - seize - dix-sept
quinze - seize - dix-sept

dix-huit - dix-neuf - vingt
eighteen-nineteen-twenty
dix-huit - dix-neuf - vingt
dix-huit - dix-neuf - vingt

Sais-tu quelle heure il est? Ecoute bien et réponds.
Do you know what time it is? Listen carefully and reply.

un
one
Il est une heure.
It is one o'clock.
Il est une heure.

deux
two
Il est deux heures.
It is two o'clock.
Il est deux heures.

Maintenant c'est à toi:
Now it is your turn:

quatre
four
Il est quatre heures.
It is four o'clock.
Il est quatre heures.

sept
seven
Il est sept heures.
It is seven o'clock.
Il est sept heures.

cinq
five
Il est cinq heures.
It is five o'clock.
Il est cinq heures.

neuf
nine
Il est neuf heures.
It is nine o'clock.
Il est neuf heures.

trois
three
Il est trois heures.
It is three o'clock.
Il est trois heures.

dix
ten
Il est dix heures.
It is ten o'clock.
Il est dix heures.

huit
eight
Il est huit heures.
It is eight o'clock.
Il est huit heures.

six
six
Il est six heures.
It is six o'clock.
Il est six heures.

Maintenant tu sais quelle heure il est. Mais sais-tu quel jour de la semaine nous sommes aujourd'hui?
Now you know what time it is. But do you know what day of the week it is today?
Voici les jours de la semaine:
Here are the days of the week:

lundi
Monday
lundi
lundi

mardi
Tuesday
mardi
mardi

mercredi
Wednesday
mercredi
mercredi

jeudi
Thursday
jeudi
jeudi

vendredi
Friday
vendredi
vendredi

samedi
Saturday
samedi
samedi

dimanche
Sunday
dimanche
dimanche

Maintenant répète les sept jours de la semaine.
Now repeat the seven days of the week.

lundi
Monday
lundi

mardi
Tuesday
mardi

mercredi
Wednesday
mercredi

jeudi
Thursday
jeudi

vendredi
Friday
vendredi

samedi
Saturday
samedi

dimanche
Sunday
dimanche

Voici les mots que tu dois connaître:
These are words which you must know:

acheter
to buy

Maman va acheter un pain.
Mum is going to buy a loaf of bread.

aller
to go

Je vais chez l'épicier.
I am going to the grocer's.

arrêter
to stop

Est-ce que Pierre peut arrêter l'autobus?
Can Peter stop the bus?

prendre
to take

Je prends deux bouteilles.
I'll take two bottles.

vouloir
to wish,
to want

Comme tu veux.
As you wish.

épicier, l' (m.)
grocer

Elle va chez l'épicier.
She is going to the grocer's.

accompagner *to accompany, to come/go with*	J'accompagne ma mère chez l'épicier. *I am going with my mother to the grocer's.*
autobus, l' (m.) *bus*	Pierre prend l'autobus. *Peter takes (catches) the bus.*
voiture, la *car*	J'ai une voiture verte. *I have a green car.*
pain, le *bread*	Un pain s'il vous plaît. *A loaf of bread, please.*
bouteille, la *bottle*	Je prends deux bouteilles de lait sur l'étagère. *I'll take two bottles of milk from the shelf.*
œuf, l' (m.) *egg*	J'achète un œuf. *I am buying an egg.*
poisson, le *fish*	Je n'aime pas le poisson. *I don't like fish.*
garçon, le *boy*	Pierre est un garçon. *Peter is a boy.*
Indien, l' (m.) *Indian*	C'est la danse des Indiens. *This is an Indian dance.*
heure, l' (f.) *hour (lit.)*	Il est huit heures. *It is eight o'clock.*
monde, le *people*	Il y a beaucoup de monde aujourd'hui. *There are a lot of people today.*
gentil-gentille *kind, good*	C'est un gentil garçon. *That is a kind boy.*
bonjour *good morning/ afternoon*	Bonjour, Robert! *Good morning, Robert.*
au revoir *goodbye*	Au revoir, madame Ory! *Goodbye, Mrs Ory!*

vite
quick

Vite, vite! L'autobus est là!
Quick! Quick! The bus is there!

ainsi
like this/that

Pourquoi parle-t-il ainsi?
Why does he speak like that?

vraiment
really, very

Tu es vraiment gentil.
You are very kind.

aujourd'hui
today

Nous sommes mercredi, aujourd'hui.
It is Wednesday today.

demain
tomorrow

Demain nous allons manger du poisson.
Tomorrow we are going to eat fish.

après-demain
the day after tomorrow

Après-demain je vais faire les courses.
The day after tomorrow I am going shopping.

toujours
always

Il y a toujours beaucoup de monde.
There are always a lot of people.

il y a
there is/there are

Il y a du poisson aujourd'hui.
There is fish today.

une semaine
a week

lundi - mardi - mercredi - jeudi - vendredi - samedi - dimanche

compter jusqu'à 20
count up to 20

un - deux - trois - quatre - cinq - six - sept - huit - neuf - dix - onze - douze - treize - quatorze - quinze seize - dix-sept - dix-huit - dix-neuf - vingt

Grammaire

Grammar

Les articles
The articles

In French, all nouns must have an article. For example, in English we talk about buying bread or fish. In French you have to say 'the bread' or 'the fish'. French nouns are all masculine or feminine and this makes a difference to the article you choose.

	masculin (m.) *masculine*	féminin (f.) *feminine*
To say "a" or "an", use	UN un garçon *a boy*	UNE une fille *a girl*
To say "the", use	LE le sac *the bag*	LA la mère *the mother*
	L' = LE *or* LA *before words beginning with a vowel or 'h'*	
	l'œuf (masculine) *the egg*	l'heure (feminine) *the hour*

Exercices

Exercises

Emploie l'article correct: UN ou UNE. — **Exercice n° 3**
Use the correct article: UN or UNE. — *Exercise 3*

1. ...... ami
2. ...... poisson
3. ...... voiture
4. ...... garçon
5. ...... sac
6. ...... bouteille
7. ...... œuf
8. ...... mère
9. ...... pain
10. ...... maison

Emploie l'article correct: LE, LA ou L'. **Exercice n° 4**
Use the correct article: LE, LA or L'. *Exercise 4*

1. ...... bouteille
2. ...... œuf
3. ...... magasin
4. ...... sac
5. ...... voiture
6. ...... ami
7. ...... maison
8. ...... pain
9. ...... poisson
10. ...... garçon

Traduis les mots suivants: **Exercice n° 5**
Translate the following words: *Exercise 5*

1. *the car*
2. *a boy*
3. *the fish*
4. *the bag*
5. *the egg*
6. *a mother*
7. *a bottle*
8. *the shop*
9. *the bread*
10. *the bus*

Traduis ces phrases en français: **Exercice n° 6**
Translate these sentences into French: *Exercise 6*

1. *It is Thursday.*
2. *I'll take two bottles of milk.*
3. *I am going to catch the bus.*
4. *I'll take an egg.*
5. *I am going with Mrs Lebrun.*
6. *The grocer is in the shop.*
7. *Peter is a boy.*
8. *Good morning/afternoon.*
9. *twenty-nineteen-eighteen-seventeen-sixteen-fifteen-fourteen-thirteen-twelve-eleven-ten-nine-eight-seven-six-five-four-three-two-one!*
10. *What time is it?*
11. *That is a kind boy.*
12. *It is five o'clock.*
13. *Today Peter takes a loaf of bread.*
14. *I am taking the car.*
15. *There are a lot of people.*

Chanson

Song

Ecoute attentivement cette chanson.
Listen carefully to this song.

Dimanche

Je reste au lit jusqu'à midi.
Mais après que vais-je faire?
Aller à la mer ou au musée?
Voir ma grand-mère ou boire du thé?

Quelle journée, le dimanche.
Aujourd'hui, j'ai de la chance!
Quelle journée, oh quelle journée!
C'est mon jour préféré!

Jouer au football ou au tennis,
avec Jean-Paul ou avec Denis?
Il n'y a vraiment rien à faire.
Mais ça ne fait rien, je suis bien.

Quelle journée, le dimanche.
Aujourd'hui, j'ai de la chance!
Quelle journée, oh quelle journée!
C'est mon jour préféré!

Sunday

I stay in bed until midday.
But after that what shall I do?
Go to the seaside or to a museum?
Visit my grandmother or drink some tea?

What a day, Sunday.
Today, I am lucky!
What a day, oh what a day!
It is my favourite day!

Play football or tennis,
with Jean-Paul or with Denis?
There isn't really anything to do.
But it doesn't matter, I feel good.

What a day, Sunday.
Today I am lucky!
What a day, oh what a day!
It is my favourite day!

3
Pressé!
In a hurry!

Conversation
Conversation

Ecoute attentivement la conversation.
Listen carefully to the conversation.

P. Cet autobus roule si lentement...
This bus is going so slowly...

M. C'est normal, il est six heures. Il y a beaucoup de voitures sur la route.
That's normal, it's six o'clock. There are a lot of cars on the road.

P. Mais cet autobus est vraiment très lent! Ce n'est plus normal!
But this bus is really very slow! That is not normal anymore!

M. Pierre, ne t'énerve donc pas ainsi!
Peter, don't get so worked up!

P. Mais je suis déjà en retard.
But I'm already late.

M. En retard? Pourquoi?
Late? Why?

P. Je vais nager avec Robert.
I'm going swimming with Robert.

M. Mais c'est l'heure du dîner!
But it's time for dinner!

P. Je sais.
I know.

P. Salut, Sophie.
Hi, Sophie.

S. Salut, Pierre.
Hi, Peter.

P. Tiens, je vois une chaise, deux bras et un journal, deux jambes sur une autre chaise! Ça doit être mon père...
Salut, papa!
Hey, I see a chair, two arms and a newspaper, two legs on another chair! That must be my father...
Hi, Dad!

Pa. Allons, Pierre, rends-moi mon journal!
Come on, Peter, give me back my newspaper!

P. Est-ce que le dîner est prêt, Sophie?
Is dinner ready, Sophie?

S. Oui, paresseux! Monsieur est servi!
Tu veux un verre de vin, papa?
Yes, lazybones! Sir is waited on!
Do you want a glass of wine, Dad?

Pa. Oui, s'il te plaît. Du vin rouge.
Yes, please. Red wine.

P. Tu me passes le pain, s'il te plaît?
Pass me the bread, please.

S. Est-ce que tu es tellement pressé?
Are you in such a hurry?

P. Oui. Je vais nager avec Robert.
Yes. I'm going swimming with Robert.

Pa. Qui est Robert?
Who's Robert?

P. Le garçon aux grandes oreilles et au nez rouge.
The boy with the big ears and the red nose.

P. C'est Robert! Mon sac... A tout à l'heure!
That's Robert! My bag... See you soon!

Vocabulaire

Vocabulary

Apprenons les noms des parties du corps. Répète-les.
Learn the names of the parts of the body. Repeat them.

un visage
a face
un visage
un visage

deux yeux
two eyes
deux yeux
deux yeux

deux oreilles
two ears
deux oreilles
deux oreilles

un nez
a nose
un nez
un nez

une bouche
a mouth
une bouche
une bouche

deux bras
two arms
deux bras
deux bras

deux mains
two hands
deux mains
deux mains

deux jambes
two legs
deux jambes
deux jambes

Voici les mots que tu dois connaître:
These are words which you must know:

être en retard
to be late

Je suis déjà en retard.
I am already late.

tenir
to hold

Il veut tenir le volant.
He wants to hold the steering wheel.

nager
to swim

Nous allons nager.
We are going swimming.

savoir
to know

Je sais que tu as des yeux bleus.
I know that you have blue eyes.

vouloir *to want*	Il veut le journal. *He wants the newspaper.*
rouler *to drive* *to go (vehicles)*	Je roule doucement. *I drive slowly.*
main, la *hand*	Tenez le volant des deux mains. *Hold the steering wheel with two hands.*
nez, le *nose*	J'ai un nez rouge. *I have a red nose.*
oreille, l' (f.) *ear*	Nous avons deux oreilles. *We have two ears.*
bras, le *arm*	J'ai des longs bras. *I have long arms.*
œil, l' (m.) *eye*	Vous fermez les yeux. *You shut your eyes.*
visage, le *face*	Je vois son visage. *I see his face.*
jambe, la *leg*	Nous tenons sur nos jambes. *We stand on our legs.*
bouche, la *mouth*	Il a une petite bouche. *He has a small mouth.*
journal, le *newspaper*	Papa achète un journal. *Dad buys a newspaper.*
chaise, la *chair*	Je te donne une chaise. *I give you a chair.*
table, la *table*	Une table a quatre pieds. *A table has four feet.*
dîner, le *dinner*	Le dîner est délicieux. *The dinner is delicious.*
verre, le *glass*	Il boit un verre de vin. *He drinks a glass of wine.*

vin, le *wine*	Tu veux du vin? *Do you want some wine?*
paresseux, le *lazybones*	Pierre est un paresseux. *Peter is a lazybones.*
père, le *father*	Mon père lit le journal. *My father reads the newspaper.*
normal - normale *normal*	Ce n'est pas normal. *That is not normal.*
grand - grande *big*	C'est une grande maison. *It is a big house.*
lent - lente *slow*	C'est un autobus très lent, notre voiture va plus vite. *This is a very slow bus, our car goes faster.*
rouge *red*	Il a un nez rouge. *He has a red nose.*
doucement *gently, slowly*	Doucement, Pierre! *Gently, Peter!*
déjà *already*	Je suis déjà en retard. *I am already late.*
attention *careful! watch out!*	Attention, Pierre! *Watch out, Peter!*
pourquoi *why*	Pourquoi es-tu en retard? *Why are you late?*
autre *other, another*	Voilà une autre chaise. *There is another chair.*
à tout à l'heure *see you soon*	Au revoir, à tout à l'heure! *Goodbye, see you soon!*

Grammaire

Grammar

Répète le singulier et le pluriel de chaque mot.
Repeat the singular and the plural of each word.

une main - deux mains
a hand - two hands
une main - deux mains
une main - deux mains

une oreille - deux oreilles
an ear - two ears
une oreille - deux oreilles
une oreille - deux oreilles

une jambe - deux jambes
a leg - two legs
une jambe - deux jambes
une jambe - deux jambes

un bras - deux bras
an arm - two arms
un bras - deux bras
un bras - deux bras

Mais!
But!

un œil - deux yeux
an eye - two eyes
un œil - deux yeux
un œil - deux yeux

Dis en français combien tu en as:
Say in French how many of them you have:

main:
deux mains
two hands
deux mains

nez:
un nez
one nose
un nez

œil:
deux yeux
two eyes
deux yeux

visage:
un visage
one face
un visage

oreille:
deux oreilles
two ears
deux oreilles

bouche:
une bouche
one mouth
une bouche

bras:
deux bras
two arms
deux bras

jambe:
deux jambes
two legs
deux jambes

Le pluriel
The plural

For many words, you simply add an 's' for the plural:

une table	deux tables
a table	*two tables*

When a word ends in 's' in the singular, it stays the same in the plural:

un bras	deux bras
an arm	*two arms*

Some words change in the plural:

un œil	deux yeux
an eye	*two eyes*
un journal	deux journaux
a newspaper	*two newspapers*

The articles in the plural:

un/une	des
un ami	des amis
a friend	*friends*
une amie	des amies
a friend	*friends*
le / la / l'	les
le magasin	les magasins
the shop	*the shops*
la voiture	les voitures
the car	*the cars*

Exercices

Exercises

Forme le pluriel correct. *Form the correct plural.*	**Exercices n° 7 & 8** *Exercises 7 and 8*

1. un ami
2. un dîner
3. un vin
4. un pain
5. une table
6. un visage
7. une chaise

1. l'épicier
2. le journal
3. le bras
4. le nez
5. la jambe
6. le sac
7. le magasin

Traduis ces phrases en français. *Translate these sentences into French.*	**Exercice n° 9** *Exercise 9*

1. *The bus is going slowly.*
2. *You are late.*
3. *I am going swimming.*
4. *Two eyes and a big mouth.*
5. *There is another chair.*
6. *It is normal.*
7. *Peter is a lazybones.*
8. *It is dinner time.*
9. *His face is red.*
10. *Two legs on a chair and a newspaper: that's Dad.*

Chanson

Song

Ecoute attentivement cette chanson.
Listen carefully to this song.

Toutes ces petites choses

Tu as deux oreilles.
C'est une vraie merveille.
Tu as deux de ces yeux,
tout grands et tout bleus.

As-tu jamais pensé
à toutes ces petites choses
pour voir et pour entendre?
Toutes ces choses que tu as.
Mais que ferais-tu
sans toutes ces petites choses?

Tu n'as qu'un seul nez.
C'est déjà assez.
Tu n'as qu'une seule bouche
pour boire et manger.

As-tu jamais pensé
à toutes ces petites choses
pour voir et pour entendre?
Toutes ces choses que tu as.
Mais que ferais-tu
sans toutes ces petites choses?

All these little things

You have two ears.
It is a real marvel.
You have two of these eyes,
all big and all blue.

Have you never thought
of all these little things
for seeing and hearing?
All these things that you have.
But what would you do
without all these little things?

You have only one nose.
That is quite enough.
You have only one mouth
for drinking and eating.

Have you never thought
of all these little things
for seeing and hearing?
All these things that you have.
But what would you do
without all these little things?

Test

Test

You are now halfway through this book.
Here is a test to see how much you have learnt so far.

A

Listen to the English words. Try to translate them into French before the French is given on the tape.

B

Translate these words and sentences into French.

1. *Hello.*
2. *Don't mention it.*
3. *we are*
4. *they are*
5. *to like, to love*
6. *to get worked up*
7. *slow*
8. *How are you?*
9. *two bottles of milk*
10. *twenty*
11. *eight*
12. *nine*
13. *Thursday*
14. *Tuesday*
15. *Goodbye!*
16. *Why?*
17. *today*
18. *grocer*
19. *to go for a swim*
20. *two ears*
21. *face*
22. *fish*
23. *chair*
24. *newspaper*
25. *See you soon!*

4
De nouveaux vêtements!

The new clothes!

Conversation

Conversation

Ecoute attentivement la conversation.
Listen carefully to the conversation.

S. Où est ton sac, maman? Je veux savoir ce qu'il y a dedans.
Where is your bag, Mum? I want to see what there is in it.

M. Il est en haut.
It's upstairs.

S. Allez, maman, laisse-moi regarder. Je suis si curieuse!
Go on, Mum, let me see. I am so curious!

M. D'accord, d'accord. Je vais le chercher.
OK, OK. I'll go and fetch it.

S. Chic, maman. Quelle belle jupe rose!
Great, Mum! What a lovely pink skirt!

M. Elle est pour toi.
It's for you.

S. Oh, merci maman.
Elle va bien avec ma blouse bleue...
Mais pour qui sont ces chaussures de gymnastique blanches?
Oh, thank you, Mum.
It will go well with my blue blouse...
But who are these white gymshoes for?

M. Elles sont pour ton père, et ce short jaune et ce pull vert aussi.
They are for your father, and the yellow shorts and green sweater too.

S. Mais papa ne fait pas de sport!
But Dad doesn't play any sport!

M. A partir de maintenant il va faire du jogging chaque soir.
From now on he is going jogging every evening!

S. Papa, regarde! C'est pour toi!
Dad, look! This is for you!

Pa. Chut!
Shhh!

Ra. "... les voilà. Les onze joueurs français, en maillots blancs et shorts noirs. De l'autre côté, l'équipe russe, habillée de rouge...
Est-ce que la France peut gagner contre les Russes ce soir?
A cette question..."
"...there they are. The eleven French players, in white shirts and black shorts. On the other side, the Russian team, wearing red... Can France win against the Russians this evening? To this question...

Pa. Qu'est-ce que j'entends? C'est pour moi, ça?
What's this I hear? This is for me, is it?

S. Oui, maman dit qu'à partir d'aujourd'hui tu vas faire du jogging chaque soir. Et voilà à quoi servent ces vêtements.
Yes, Mum says that from today you are going jogging every evening. And that is what these clothes are for.

Pa. Comme c'est gentil!
How kind!

M. Mais c'est vrai, Alain. Tu es assis là dans ton fauteuil chaque soir et tu grossis chaque jour.
But it is true, Alan. You sit there in your armchair every evening and you are getting fatter every day.

Pa. Ça va, ça va. Donne-moi ces vêtements.
OK, OK. Give me the clothes.

S. Bon Dieu, maman, regarde-moi ça!

Goodness, Mum, look at this!

Pa. Un-deux-trois, un-deux-trois, un-deux-trois, voici monsieur l'athlète. Embrassez votre mari, madame, avant sa grande course...

One, two, three; one, two, three. Here is Mr Athlete. Give your husband a kiss, madam, before his long run.

M. Un, deux, trois.

One, two, three.

Pa. Un-deux-trois, un-deux-trois... A tout à l'heure!

One, two, three, one, two, three... See you later!

S. Maman, tu es formidable! Ça marche...

Mum, you're amazing! It works...

Vocabulaire

Vocabulary

Voici les couleurs. Répète chaque phrase.
Here are the colours. Repeat each sentence.

Le ciel est bleu.
The sky is blue.
Le ciel est bleu.
Le ciel est bleu.

L'herbe est verte.
The grass is green.
L'herbe est verte.
L'herbe est verte.

La neige est blanche.
The snow is white.
La neige est blanche.
La neige est blanche.

La tomate est rouge.
The tomato is red.
La tomate est rouge.
La tomate est rouge.

La banane est jaune.
The banana is yellow.
La banane est jaune.
La banane est jaune.

Le chocolat est brun.
The chocolate is brown.
Le chocolat est brun.
Le chocolat est brun.

La caméra est noire.
The camera is black.
La caméra est noire.
La caméra est noire.

Le cochon est rose.
The pig is pink.
Le cochon est rose.
Le cochon est rose.

Est-ce que tu connais le nom des vêtements que tu portes?
Répète chaque phrase.

Do you know the names of the clothes you are wearing?
Repeat each sentence.

Sophie porte une jupe rose.
Sophie is wearing a pink skirt.
Sophie porte une jupe rose.
Sophie porte une jupe rose.

Elle porte une blouse bleue.
She is wearing a blue blouse.
Elle porte une blouse bleue.
Elle porte une blouse bleue.

Papa porte un pull vert.
Dad is wearing a green sweater.
Papa porte un pull vert.
Papa porte un pull vert.

Il porte un short jaune.
He is wearing yellow shorts.
Il porte un short jaune.
Il porte un short jaune.

Maman porte une robe brune.
Mum is wearing a brown dress.
Maman porte une robe brune.
Maman porte une robe brune.

Il porte une chemise blanche.
He is wearing a white shirt.
Il porte une chemise blanche.
Il porte une chemise blanche.

Voici les mots que tu dois connaître:
These are words which you must know:

faire du sport *to play a sport*	Chaque soir, il fait du sport. *Every evening, he plays a sport.*
chercher *to look for, fetch*	Je cherche mes chaussures. *I am looking for my shoes.*
regarder *to look*	Sophie regarde dans le sac. *Sophie looks in the bag.*
voir *to see*	Je veux voir ta robe. *I want to see your dress.*
embrasser *to embrace, to kiss*	Maman embrasse papa. *Mum kisses Dad.*

grossir *to get fatter* *to put on weight*	Papa grossit chaque jour. *Dad is getting fatter every day.*
donner *to give*	Maman me donne une jupe. *Mum gives me a skirt.*
servir *to serve* *to be used for*	Ces vêtements servent à faire du jogging. *These clothes are used for going jogging.*
écouter *to listen to*	J'écoute la radio. *I am listening to the radio.*
entendre *to hear*	Qu'est-ce que j'entends? *What is that I hear?*
jupe, la *skirt*	Sophie porte une jupe. *Sophie is wearing a skirt.*
short, le *shorts*	Papa porte un short. *Dad is wearing shorts.*
chaussures, les (f.) *shoes*	Il porte des chaussures noires. *He is wearing black shoes.*
pantalon, le *trousers*	Robert porte un nouveau pantalon. *Robert is wearing new trousers.*
pull, le *sweater*	Voilà mon nouveau pull. *That is my new sweater.*
blouse, la *blouse*	Cette blouse est pour Sophie. *This blouse is for Sophie.*
chemise, la *shirt*	Cette chemise est pour papa. *This shirt is for Dad.*
robe, la *dress*	Maman porte une robe bleue. *Mum wears a blue dress.*
équipe, l' (f.) *team*	Cette équipe joue très bien. *This team plays very well.*
mari, le *husband*	Papa est le mari de ma mère. *Dad is my mother's husband.*

maillot, le *shirt*	Pour faire du sport les joueurs portent un maillot. *For playing sport, the players wear a shirt.*
fauteuil, le *armchair*	Je lis le journal dans mon fauteuil. *I read the newspaper in my armchair.*
beau · belle *beautiful, lovely*	C'est une belle robe. *That is a beautiful dress.*
curieux · curieuse *curious*	Je suis très curieux. *I am very curious.*
sportif · sportive *sporty, athletic*	J'aime un garçon sportif. *I like an athletic boy.*
chaque *every, each*	Chaque soir il fait du sport. *Every evening he plays a sport.*
gros · grosse *fat, big*	C'est un gros monsieur. *It is a fat man.*
petit · petite *small*	Voilà un petit sac. *That is a small bag.*
vrai · vraie *true, real*	Ce qu'il dit est vrai. *What he says is true.*
formidable *amazing, tremendous*	Tu es formidable! *You are tremendous!*
bleu · bleue *blue*	Le ciel est bleu. *The sky is blue.*
vert · verte *green*	L'herbe est verte. *The grass is green.*
blanc · blanche *white*	La neige est blanche. *The snow is white.*
rouge *red*	La tomate est rouge. *The tomato is red.*

jaune
yellow

La banane est jaune.
The banana is yellow.

brun - brune
brown

Le chocolat est brun.
The chocolate is brown.

noir - noire
black

Une caméra est noire.
A camera is black.

rose
pink

Le cochon est rose.
The pig is pink.

en haut
upstairs

Mon sac est en haut.
My bag is upstairs.

ce soir
this evening

Tu peux venir ce soir.
You can come this evening.

à partir de
from

A partir de maintenant je vais faire du sport.
From now on I am going to play a sport.

Grammaire

Grammar

Regardons l'indicatif présent du verbe "porter".
Répète chaque phrase.
Look at the present indicative of the verb "to wear".
Repeat each phrase.

je porte
I wear
je porte
je porte

tu portes
you wear (sing.)
tu portes
tu portes

il porte
he wears
il porte
il porte

nous portons
we wear
nous portons
nous portons

vous portez
you wear (pl.)
vous portez
vous portez

ils portent
they wear
ils portent
ils portent

Verbs which end in "er" (porter):
Most French verbs have standard endings which you can learn.
First you need to know how the verb ends in the infinitive.
Here are the endings for "er" verbs.

je → -E	je porte	*I wear*
tu → -ES	tu portes	*you wear (sing.)*
il → -E	il porte	*he wears*
nous → -ONS	nous portons	*we wear*
vous → -EZ	vous portez	*you wear (pl.)*
ils → -ENT	ils portent	*they wear*

Other verbs which end in "er": aider, laisser, rouler, regarder, donner, embrasser, écouter...

In French, nouns are masculine or feminine. Adjectives have masculine or feminine endings, depending on the noun they are describing. Here are some examples.

Masculine:	*Feminine:*
un bon vin	une bonne équipe
a good wine	*a good team*
un grand magasin	une grande voiture
a big shop	*a big car*
un gentil garçon	une gentille fille
a kind boy	*a kind girl*
un pantalon bleu	une chemise bleue
blue trousers	*a blue shirt*
C'est un beau pull.	C'est une belle jupe.
It is a lovely sweater.	*It is a lovely skirt*
L'autobus est lent.	La voiture est lente.
The bus is slow.	*The car is slow.*
Mon père est curieux.	Ma mère est curieuse.
My father is curious.	*My mother is curious.*

When the noun is in the plural, the adjective also has a plural ending.

Singular:	*Plural:*
l'autre maison	les autres maisons
the other house	*the other houses*
un pull blanc	des pulls blancs
a white sweater	*white sweaters*
un visage rouge	des visages rouges
a red face	*red faces*
Pierre est sportif.	Pierre et Robert sont sportifs.
Peter is athletic.	*Peter and Robert are athletic.*

Exercices

Exercises

Traduis en français:
Translate into French:

Exercice n° 10
Exercise 10

1. *you wear*
2. *we wear*
3. *he wears*
4. *they wear*
5. *you wear (plural)*
6. *I wear*
7. *she wears*
8. *we listen*
9. *he looks*
10. *you give*
11. *he looks for*
12. *you let*
13. *we give*
14. *she gets annoyed/worked up*
15. *you swim*
16. *we look*
17. *you drive (plural)*
18. *I look for*
19. *he swims*
20. *they let*

Complète par la terminaison correcte.
Complete these with the correct ending.

Exercice n° 11
Exercise 11

1. Un bon ami
2. Un petit bouteille
3. Un pantalon noir
4. Des chaise blanc
5. Trois robe brun
6. Un grand chaise
7. Un banane vert
8. Deux sac bleu
9. Madame Lebrun est gentil
10. Les tomate sont gros

Traduis ces phrases en français: *Translate these sentences into French:*

Exercice n° 12 *Exercise 12*

1. *My father is wearing a pink shirt.*
2. *He swims every evening.*
3. *You are wearing a lovely sweater.*
4. *We are so curious.*
5. *Every boy is wearing trousers.*
6. *I am wearing shorts.*
7. *These are black shoes.*
8. *The grass is green.*
9. *I am an athletic boy.*
10. *She kisses her husband.*

Chanson

Song

Ecoute attentivement cette chanson.
Listen carefully to this song.

Tellement froid

Assis sur les rochers gris,
j'attends que le soleil brille.
J'ai mis trois pulls et des gants,
mais pourtant je sens le vent.

Il pleut et il fait froid.
Je gèle où je m'assois,
car il fait tellement froid,
tellement froid.

Et si j'étais un ours blanc,
je jetterais mes deux gants.
J'aurais une peau épaisse,
parfaite pour rester sèche.

Il pleut et il fait froid.
Je gèle où je m'assois,
car il fait tellement froid,
tellement froid.

So cold

Sitting on the grey rocks,
I wait for the sun to shine.
I have put on three sweaters and
some gloves,
but yet I can still feel the wind.

It's raining and it's cold.
I am freezing where I sit,
because it's so cold,
so cold.

And if I was a polar bear,
I would throw away my two gloves.
I would have a thick skin,
perfect to keep me dry.

It's raining and it's cold.
I am freezing where I sit,
because it's so cold,
so cold.

5

Le retour des sportifs

The return of the sportsmen

Conversation

Conversation

Ecoute attentivement la conversation.
Listen carefully to the conversation.

Télé. Je t'aime, Paul.
I love you, Paul.
Je t'aime aussi, Sylvie.
Ne me quitte pas, Sylvie.
I love you too, Sylvia.
Don't leave me, Sylvia.
Non, mon chéri.
No, my darling.

S. Voilà l'amour dont je rêve, maman...

That's the sort of love I dream about, Mum...

M. Oui, c'est beau.
Yes, it's beautiful.

S. Oh non, pas maintenant!
Oh no, not now!
M. Je pense que c'est Pierre.
I think that's Peter.
S. J'espère que son ami est avec lui.
I hope his friend is with him.
P. Bonsoir, ma chère sœur...
Good evening, my dear sister.
S. Salut, Pierre.
Salut,... euh..
Hi, Peter.
Hi... er..
P. Robert. Voici Robert.
Robert. This is Robert.
R. Salut.
Hi.
S. Salut.
Hi.
P. Voici les sportifs affamés! Grrrr!
Here are some starving sportsmen. Grrr!
S. Ne me mange pas! Il y a du pain dans la cuisine.
Et ne fais pas trop de bruit. Je regarde la télévision.
Don't eat me! There's some bread in the kitchen.
And don't make too much noise. I'm watching television.
M. N'oublie pas de mettre ta bicyclette au garage, Pierre.
Don't forget to put your bicycle in the garage, Peter.
P. N'oublie pas ceci, Pierre, n'oublie pas cela!
Don't forget this Peter, don't forget that!
R. Et n'oublie surtout pas de manger.
And above all don't forget to eat.
P. Ha-ha-ha, tu as faim, Robert?
Oh-oh: il y a du gâteau!
Tu en veux un morceau, Robert?
Ha-ha-ha, are you hungry, Robert?
Oh-oh: there is some cake!
Do you want a piece, Robert?
R. Non merci, Pierre. Je n'aime pas le gâteau.
No thanks, Peter. I don't like cake.
P. Alors j'ai besoin d'une seule assiette.
Then I only need one plate.

R. Quel est ce film?
What is this film?

M. et S. Chut.
Shh.

Télé. Je t'aime, François.
I love you, Francis.
Je t'aime aussi, Sylvie.
Ne me quitte pas, Sylvie.
I love you too, Sylvia.
Don't leave me, Sylvia.
Non, mon chéri.
No, my darling.

M. Voilà papa.
There's Dad.

P. Bonjour, papa!
Hello, Dad!

Pa. Bonjour... Je vais en haut, à la salle de bains.
Un...deux...trois... Un...deux...trois...
Hello... I'm going upstairs, to the bathroom.
One...two...three... One...two...three...

Vocabulaire

Vocabulary

Est-ce que tu connais les pièces de la maison? Répète chaque phrase.
Do you know the rooms in a house? Repeat each sentence.

La chambre à coucher est en haut.
The bedroom is upstairs.
La chambre à coucher est en haut.
La chambre à coucher est en haut.

Le réfrigérateur est dans la cuisine.
The refrigerator is in the kitchen.
Le réfrigérateur est dans la cuisine.
Le réfrigérateur est dans la cuisine.

La voiture est au garage.
The car is in the garage.
La voiture est au garage.
La voiture est au garage.

Papa travaille dans son bureau.
Dad works in his study.
Papa travaille dans son bureau.
Papa travaille dans son bureau.

Il se rase dans la salle de bains.
He shaves in the bathroom.
Il se rase dans la salle de bains.
Il se rase dans la salle de bains.

Tu regardes la télévision dans le salon.
You are watching television in the sitting room.
Tu regardes la télévision dans le salon.
Tu regardes la télévision dans le salon.

Voici les mots que tu dois connaître:
These are words which you must know:

quitter *to leave*	Aujourd'hui il a quitté sa chambre. *He left his room today.*
rêver *to dream*	Nous rêvons chaque nuit. *We dream every night.*
penser *to think*	Il pense qu'il est formidable. *He thinks he's tremendous.*
espérer *to hope*	J'espère qu'il est à la maison. *I hope he is at home.*
manger *to eat*	Il mange un morceau de gâteau. *He is eating a piece of cake.*
oublier *to forget*	N'oublie pas ta bicyclette. *Don't forget your bicycle.*
mettre *to put*	Je mets la voiture au garage. *I put the car in the garage.*
avoir faim *to be hungry*	J'ai faim. *I'm hungry.*

avoir besoin *to need*	J'ai besoin d'une bicyclette. *I need a bicycle.*
maison, la *house*	La maison est très belle. *The house is very beautiful.*
à la maison *at home*	Il est à la maison. *He is at home.*
cuisine, la *kitchen*	Nous mangeons dans la cuisine. *We eat in the kitchen.*
garage, le *garage*	La voiture est dans le garage. *The car is in the garage.*
salon, le *sitting room*	Je regarde la télévision dans le salon. *I watch television in the sitting room.*
salle de bains, la *bathroom*	Papa se rase dans la salle de bains. *Dad shaves in the bathroom.*
chambre à coucher, la *bedroom*	La chambre à coucher est en haut. *The bedroom is upstairs.*
bicyclette, la *bicycle*	Sa bicyclette est dans le garage. *His bicycle is in the garage.*
gâteau, le *cake*	Il mange un morceau de gâteau. *He eats a piece of cake.*
morceau, le *piece*	Je veux un morceau de gâteau. *I want a piece of cake.*
assiette, l' (f.) *plate*	Il y a une assiette sur la table. *There is a plate on the table.*
affamé - affamée *starving*	Les garçons sont affamés. *The boys are starving.*
chéri - chérie *darling*	Je t'aime, chéri. *I love you, darling.* Papa chéri... *Darling Dad...*

aussi *also, too*	Je t'aime aussi. *I love you too.*
trop *too, too much/many*	Ce sac est trop petit. *This bag is too small.* C'est trop. *That is too much.*
ceci - cela *this - that*	Fais ceci, fais cela. *Do this, do that.*
bonsoir *good evening*	Les enfants disent bonsoir à maman et à papa. *The children say good evening to Mum and Dad.*

Grammaire

Grammar

Voici le verbe "avoir". Répète chaque phrase.
Here is the verb "to have". Repeat each phrase.

j'ai
I have
j'ai
j'ai

tu as
you have (sing.)
tu as
tu as

il a
he has
il a
il a

nous avons
we have
nous avons
nous avons

vous avez
you have (pl.)
vous avez
vous avez

ils ont
they have
ils ont
ils ont

Voici la forme négative du verbe en français. D'abord des verbes en "er". Répète.
Here is the negative form of the verb in French. First, verbs ending in "er". Repeat.

je ne parle pas
I do not speak
je ne parle pas
je ne parle pas

tu ne parles pas
you do not speak
tu ne parles pas
tu ne parles pas

il ne porte pas
he does not wear
il ne porte pas
il ne porte pas

nous ne roulons pas
we do not drive
nous ne roulons pas
nous ne roulons pas

vous ne mangez pas
you do not eat
vous ne mangez pas
vous ne mangez pas

ils ne nagent pas
they do not swim
ils ne nagent pas
ils ne nagent pas

Répète maintenant la forme négative du verbe "être" et ensuite du verbe "avoir".
Now repeat the negative form of the verb "to be" and then the verb "to have".

je ne suis pas
I am not
je ne suis pas
je ne suis pas.

tu n'es pas
you are not
tu n'es pas
tu n'es pas

il n'est pas
he is not
il n'est pas
il n'est pas

nous ne sommes pas
we are not
nous ne sommes pas
nous ne sommes pas

vous n'êtes pas
you are not
vous n'êtes pas
vous n'êtes pas

ils ne sont pas
they are not
ils ne sont pas
ils ne sont pas

je n'ai pas
I have not
je n'ai pas
je n'ai pas

tu n'as pas
you have not
tu n'as pas
tu n'as pas

il n'a pas
he has not
il n'a pas
il n'a pas

nous n'avons pas
we have not
nous n'avons pas
nous n'avons pas

vous n'avez pas
you have not
vous n'avez pas
vous n'avez pas

ils n'ont pas
they have not
ils n'ont pas
ils n'ont pas

Voici deux autres formes négatives: "ne...plus" = "not any more"
"ne...jamais" = "never"

Répète les phrases suivantes:

Here are two other negative forms: "ne...plus" = "not any more"
"ne...jamais" = "never"

Repeat the following sentences:

Je ne parle jamais le français.
I never speak French.
Je ne parle jamais le français.
Je ne parle jamais le français.

Tu ne parles jamais l'arabe.
You never speak Arabic.
Tu ne parles jamais l'arabe.
Tu ne parles jamais l'arabe.

Il ne regarde jamais la télévision.
He never watches television.
Il ne regarde jamais la télévision.
Il ne regarde jamais la télévision.

Nous n'écoutons plus la radio chaque soir.
We no longer listen to the radio every evening.
Nous n'écoutons plus la radio chaque soir.
Nous n'écoutons plus la radio chaque soir.

Vous ne nagez plus chaque jour.
You no longer swim every day.
Vous ne nagez plus chaque jour.
Vous ne nagez plus chaque jour.

Ils n'aiment plus le chocolat.
They do not like chocolate any more.
Ils n'aiment plus le chocolat.
Ils n'aiment plus le chocolat.

avoir		**to have**	
j'ai	nous avons	*I have*	*we have*
tu as	vous avez	*you have*	*you have*
il a	ils ont	*he has*	*they have*

The negative in French:
not = ne/n' + *(verb)* + pas

For example:	Il ne parle pas le français.	*He does not speak French.*
	Je ne vois pas la voiture.	*I do not see the car.*
	Je n'ai pas faim.	*I am not hungry.*

"not any more", "no longer" = "ne" / "n' " + *(verb)* + plus

For example:	Je ne quitte plus la maison.	*I do not leave the house any more.*
	Il n'y a plus de pain.	*There isn't any more bread.*

"never" = "ne" / "n' " + *(verb)* + "jamais"

For example:	Il n'écoute jamais la radio.	*He never listens to the radio.*
	Je ne mange jamais à la maison.	*I never eat at home.*

Exercices

Exercises

Fais des phrases négatives. — **Exercice n° 13**
Make these sentences negative. — *Exercise 13*

1. Il aime Sophie.
2. Elle rêve chaque nuit.
3. Nous parlons le français.
4. Tu penses que ça va?
5. Nous espérons te voir.
6. Ça marche bien.
7. Je suis affamé.
8. Il quitte la maison.
9. Ils roulent.
10. Nous aimons le poisson.

Traduis en français: *Translate into French:*	**Exercices n° 14 & 15** *Exercises 14 and 15*

1. I am not helping the boy.
2. He never leaves the house.
3. A banana is never red.
4. Peter is not hungry any more.
5. I never forget my bicycle.
6. The tomato is not green anymore.
7. I am not big.
8. I am never late.
9. Mum is not curious.
10. There are not many people now.

1. He forgets to put his bicycle in the garage.
2. You are eating a piece of cake in the kitchen. (plural)
3. I love my mother and my father.
4. I don't think that he is in the bathroom.
5. We are not leaving the house.
6. She dreams every night.
7. I have a car.
8. I am never hungry.
9. They think that it is a good film.
10. We are watching television in the sitting room.
11. I need a bicycle.
12. The plate is too small.
13. The sitting room is big.
14. The bedroom is upstairs.
15. This is for Sophie and that is for Peter.

Chanson

Song

Ecoute attentivement cette chanson.
Listen carefully to this song.

Ma maison

Je ne laisserais pas de souris,
même pas la plus gentille,
entrer dans ma maison.
Il n'en est vraiment pas question.

Je la vois dans la salle de bains
se cacher sous mon essuie-main,
mais avant que l'importune ne s'enfuie,
je-l'écrase-d'un-coup-de-balai-dans-la-cuisine.

Beaucoup de souris ont essayé
d'entrer par l'escalier.
Mais maintenant c'est fini,
la dernière est partie.

Je la vois dans la salle de bains
se cacher sous mon essuie-main,
mais avant que l'importune ne s'enfuie,
je-l'écrase-d'un-coup-de-balai-dans-la-cuisine.

My house

I do not let mice,
not even the nicest,
come into my house.
There is really no question about that.

I see it in the bathroom
hiding under my hand towel,
but before the intruder escapes,
I-crush-it-with-a-blow-from-the-broom-in-the-kitchen.

Plenty of mice have tried
to get in by the stairs.
But now that is finished,
the last one has left.

I see it in the bathroom
hiding under my hand towel,
but before the intruder escapes,
I-crush-it-with-a-blow-from-the broom-in-the-kitchen.

6
Apprendre l'italien

Learn Italian

Conversation

Conversation

Ecoute attentivement la conversation.
Listen carefully to the conversation.

Pa. Je vais au café, Pauline.
I'm going to the café, Pauline.

M. D'accord, Alain. Au revoir!
OK, Alan. Goodbye!

Pa. Au revoir, les enfants!
Goodbye, children!

P. Au revoir, papa.
Goodbye, Dad.

S. Au revoir, papa.
Goodbye, Dad.

Pa. Mm... Il fait beau. Quel mois de mai magnifique!
Mm... The weather's fine. What a magnificent month of May!

Mi. Salut, Alain!
Hi, Alan!

Pa. Salut, Michel. Comment vas-tu?
Hi, Michael. How are you?

Mi. Bien, merci. Est-ce que tu vas au café?
Fine, thanks. Are you going to the café?

Pa. Oui.
Yes.

Mi. Alors, viens! Monte dans ma voiture.
Est-ce que tu sais que je vais en vacances en Italie pendant le mois d'août?
Come on then! Get into my car. Did you know that I'm going to Italy on holiday in August?

Pa. Ah bon!
Oh great!

Mi. Est-ce que tu ne veux pas venir avec moi?
Wouldn't you like to come with me?
Nous y sommes.
We are there.

Mi. Deux bières, s'il vous plaît.
Two beers, please.

Pa. Est-ce que l'Italie n'est pas chère, Michel?
Isn't Italy expensive, Michael?

Mi. L'Italie n'est pas bon marché, mais il y a toujours du soleil.
Italy isn't cheap, but there is always some sun.

Garçon Voici, messieurs.
Here you are, sirs.

Mi. Merci.
Thank you.

Pa. Merci.
A ta santé, Michel.
Oui, je sais qu'en Italie il y a même du soleil en avril, en mai ou en septembre, mais je ne parle pas l'italien!
Thank you.
Your good health, Michael.
Yes, I know that in Italy there's even sunshine in April, May or September, but I don't speak Italian!

Mi. Tu peux l'apprendre.
You can learn it.

Pa. En quelques mois?

In a few months?

Mi. Oui. Achète un cours d'italien sur cassettes. Si tu les écoutes souvent, tu peux apprendre les 200 premiers mots en un mois.

Yes. Buy an Italian course on cassettes. If you listen to them often, you can learn the first 200 words in a month.

Pa. Est-ce que tu es sérieux?

Are you serious?

Mi. Bien sûr...

Of course.

Vocabulaire

Vocabulary

Voici les douze mois de l'année. Répète-les
Here are the twelve months of the year. Repeat them.

janvier
January
janvier
janvier

février
February
février
février

mars
March
mars
mars

avril
April
avril
avril

mai
May
mai
mai

juin
June
juin
juin

juillet
July
juillet
juillet

août
August
août
août

septembre
September
septembre
septembre

octobre
October
octobre
octobre

novembre
November
novembre
novembre

décembre
December
décembre
décembre

Voici les quatre saisons de l'année. Répète-les.
Here are the four seasons of the year. Repeat them.

En janvier c'est l'hiver.
In January it is winter.
En janvier c'est l'hiver.
En janvier c'est l'hiver.

En avril c'est le printemps.
In April it is spring.
En avril c'est le printemps.
En avril c'est le printemps.

En juillet c'est l'été.
In July it is summer.
En juillet c'est l'été.
En juillet c'est l'été.

En octobre c'est l'automne.
In October it is autumn.
En octobre c'est l'automne.
En octobre c'est l'automne.

Voici les mots que tu dois connaître:
These are words which you must know:

faire beau, froid... *the weather's fine, cold*	Il fait froid en hiver. *The weather is cold in winter.*
sortir *to go out*	Papa sort avec Michel. *Dad is going out with Michael.*
parler *to speak*	Je ne parle pas l'italien. *I don't speak Italian.*
dire *to say*	Que dis-tu? *What do you say?*
monter *to climb/get in, to rise*	Papa monte dans sa voiture. *Dad gets into his car.* La température monte en été. *The temperature rises in summer.*
café, le *café, coffee*	Je vais au café. *I am going to the café.* Il boit du café. *He drinks some coffee.*
enfant, l' (m.) *child*	C'est un enfant de dix ans. *That is a ten-year-old child.*
temps, le *weather*	Quel temps est-ce qu'il fait? *What is the weather like?*
soleil, le *sun*	Le soleil brille toujours en Italie. *The sun always shines in Italy.*
vacances, les (f.) *holidays*	Chaque année, je passe les vacances en Italie. *Every year, I spend the holidays in Italy.*

Italie, l' (f.) *Italy*	L'Italie a la forme d'une botte sur la carte. *Italy is the shape of a boot on the map.*
italien, l' (m.) *Italian*	Il parle bien l'italien. *He speaks Italian well.*
bière, la *beer*	Il boit une bière. *He is drinking a beer.*
cours, le *course*	C'est un cours de français. *This is a French course.*
magnifique *magnificent*	En automne la nature est magnifique. *In autumn, nature is magnificent.*
cher - chère *expensive*	Est-ce que l'Italie est chère? *Is Italy expensive?*
bon marché *cheap*	Une bière est bon marché. *A beer is cheap.*
sérieux - sérieuse *serious*	Tu es sérieux. *You are serious.*
à ta santé! *your good health*	A ta santé, Alain! *Your good health, Alan!*
souvent *often*	Je bois souvent du lait. *I often drink milk.*
bien sûr *of course*	Mais bien sûr, Alain! *But of course, Alan!*
pendant *during*	Pendant la leçon les enfants sont sérieux. *During the lesson the children are serious.*
les mois *the months*	janvier - février - mars - avril - mai - juin - juillet - août - septembre - octobre - novembre - décembre.
les saisons *the seasons*	Le printemps - l'été - l'automne - l'hiver *spring - summer - autumn - winter*

Grammaire

Grammar

Voici des questions avec le verbe "parler". Répète les questions.
Here are some questions with the verb "to speak". Repeat the questions.

Est-ce que je parle?
Do I speak?
Est-ce que je parle?
Est-ce que je parle?

Est-ce que tu parles?
Do you speak?
Est-ce que tu parles?
Est-ce que tu parles?

Est-ce qu'il parle?
Does he speak?
Est-ce qu'il parle?
Est-ce qu'il parle?

Est-ce que nous parlons?
Do we speak?
Est-ce que nous parlons?
Est-ce que nous parlons?

Est-ce que vous parlez?
Do you speak?
Est-ce que vous parlez?
Est-ce que vous parlez?

Est-ce qu'ils parlent?
Do they speak?
Est-ce qu'ils parlent?
Est-ce qu'ils parlent?

To ask a question in French, you can put "est-ce que" *at the beginning of the sentence.*

For example:

La maison est petite.	Est-ce que la maison est petite?
Il est en retard.	Est-ce qu'il est en retard?

Exercices

Exercises

Traduis en français: **Exercice n° 16**
Translate into French: *Exercise 16*

1. *Are you helping?*
2. *Is he letting?*
3. *Do I kiss?*
4. *Is he going home?*
5. *Is she eating?*
6. *Are you swimming? (plural)*
7. *Are you late?*
8. *Is he looking?*
9. *Do we give?*
10. *Are you wearing? (plural)*
11. *Does he like cake?*
12. *Are you helping Mum?*
13. *Is she kind?*
14. *Is that an Indian dance?*
15. *Does he stop the bus?*
16. *Is it 5 o'clock?*
17. *Are you going with Mum?*
18. *Is that normal?*
19. *Does Peter drive?*
20. *Is there any fish?*

Fais des phrases interrogatives. **Exercice n° 17**
Emploie "est-ce que".
Make these sentences into questions. *Exercise 17*
Use "est-ce que".

1. Tu parles l'italien.
2. Ils rentrent à la maison.
3. Il est à la maison.
4. Ils écoutent la cassette.
5. Il fait du sport chaque soir.
6. Nous allons en Italie.
7. Tu achètes une bouteille de lait.
8. Il pense que ça va.
9. Elles aiment le gâteau.
10. Elle boit du café.

Traduis ces phrases en français: **Exercice n° 18**
Translate these sentences into French: *Exercise 18*

1. *Is he listening to the cassette?*
2. *Is he drinking a beer?*
3. *Does she speak Italian?*
4. *Are they at home?*
5. *Do you like shopping?*
6. *Have you a bicycle?*
7. *Are they buying an Italian course?*
8. *Are you getting into the car?*
9. *Is he in the café?*
10. *Is he buying a bottle of milk?*

Chanson

Song

Ecoute attentivement cette chanson.
Listen carefully to this song.

Ce sont les vacances

These are the holidays

Ce sont les vacances.
Irais-je en France?
Ou bien plus loin
chercher de beaux coins?

These are the holidays.
Shall I go to France?
Or much further
to look for beautiful places?

Ecoute, prends tes valises
et partons pour Venise.
En route, ce sont les vacances.
On a de la chance!

Listen, take your suitcases
and let's leave for Venice.
On the way, these are the holidays.
We are lucky!

Tu aimes l'Italie,
il n'y a pas de pluie.
On va s'amuser
maintenant en été.

You like Italy,
there is no rain.
You can amuse yourself
now in the summer.

Ecoute, prends tes valises
et partons pour Venise.
En route, ce sont les vacances.
On a de la chance!

Listen, take your suitcases
and let's leave for Venice.
On the way, these are the holidays.
We are lucky!

Test

Test

> *Now you have reached the end of this book.*
> *Here is a test to see what you have learnt.*

A

Listen to the English words. Try to translate them into French before the French is given on the tape.

B

Translate these into French:

1. *yellow*
2. *brown*
3. *pink*
4. *sweater*
5. *dress*
6. *they wear*
7. *to get fatter*
8. *hungry*
9. *it's true*
10. *this evening*
11. *kitchen*
12. *bathroom*
13. *they are not speaking*
14. *to forget*
15. *to put*
16. *I need*
17. *darling*
18. *March*
19. *to leave*
20. *Italy*
21. *cake*
22. *piece*
23. *to learn*
24. *plate*

Solutions

Answers

Exercice n° 1
Exercise 1

1. je suis
2. nous sommes
3. vous êtes
4. tu es
5. elle est
6. c'est
7. elles sont
8. il est
9. Pierre est
10. Robert et Pierre sont

Exercice n° 2
Exercise 2

1. Comment vas-tu? Bien, merci.
2. Enchanté.
3. Robert est mon ami.
4. Ma mère est dans le magasin.
5. Je m'appelle Robert.
6. Elle est dans le magasin.
7. Voici votre sac.
8. Elle est ma mère.
9. Merci beaucoup. De rien.
10. Voilà ma mère.

Exercice n° 3
Exercise 3

1. un ami
2. un poisson
3. une voiture
4. un garçon
5. un sac
6. une bouteille
7. un œuf
8. une mère
9. un pain
10. une maison

Exercice n° 4
Exercise 4

1. la bouteille
2. l'œuf
3. le magasin
4. le sac
5. la voiture
6. l'ami
7. la maison
8. le pain
9. le poisson
10. le garçon

Exercice n° 5
Exercise 5

1. la voiture
2. un garçon
3. le poisson
4. le sac
5. l'œuf
6. une mère
7. une bouteille
8. le magasin
9. le pain
10. l'autobus

Exercice n° 6
Exercise 6

1. Nous sommes jeudi.
2. Je prends deux bouteilles de lait.
3. Je vais prendre l'autobus.
4. Je prends un œuf.
5. J'accompagne madame Lebrun.

6. L'épicier est dans le magasin.
7. Pierre est un garçon.
8. Bonjour.
9. vingt - dix-neuf - dix-huit - dix-sept - seize - quinze - quatorze - treize - douze - onze - dix - neuf - huit - sept - six - cinq - quatre - trois - deux - un
10. Quelle heure est-il?
11. C'est un gentil garçon.
12. Il est cinq heures.
13. Aujourd'hui Pierre prend un pain.
14. Je prends la voiture.
15. Il y a beaucoup de monde.

Exercice n° 7
Exercise 7

1. des amis
2. des dîners
3. des vins
4. des pains
5. des tables
6. des visages
7. des chaises

Exercice n° 8
Exercise 8

1. les épiciers
2. les journaux
3. les bras
4. les nez
5. les jambes
6. les sacs
7. les magasins

Exercice n° 9
Exercise 9

1. L'autobus roule lentement.
2. Tu es en retard.
3. Je vais nager.
4. Deux yeux et une grande bouche.
5. Voilà une autre chaise.
6. C'est normal.
7. Pierre est un paresseux.
8. C'est l'heure du dîner.
9. Son visage est rouge.
10. Deux jambes sur une chaise et un journal: c'est papa.

Exercice n° 10
Exercise 10

1. tu portes
2. nous portons
3. il porte
4. ils portent/elles portent
5. vous portez
6. je porte
7. elle porte
8. nous écoutons
9. il regarde
10. tu donnes
11. il cherche
12. tu laisses
13. nous donnons
14. elle s'énerve
15. tu nages
16. nous regardons
17. vous roulez
18. je cherche
19. il nage
20. ils laissent/elles laissent

Exercice n° 11
Exercise 11

1. Un bon ami
2. Une petite bouteille
3. Un pantalon noir

4. Des chaises blanches
5. Trois robes brunes
6. Une grande chaise
7. Une banane verte
8. Deux sacs bleus
9. Madame Lebrun est gentille.
10. Les tomates sont grosses.

Exercice n° 12
Exercise 12

1. Mon père porte une chemise rose.
2. Il nage chaque soir.
3. Tu portes un beau pull.
4. Nous sommes si curieux.
5. Chaque garçon porte un pantalon.
6. Je porte un short.
7. Ce sont des chaussures noires.
8. L'herbe est verte.
9. Je suis un garçon sportif.
10. Elle embrasse son mari.

Exercice n° 13
Exercise 13

1. Il n'aime pas Sophie./Il n'aime plus Sophie.
2. Elle ne rêve pas chaque nuit./Elle ne rêve plus chaque nuit.
3. Nous ne parlons pas le français./Nous ne parlons plus le français./Nous ne parlons jamais le français.
4. Tu ne penses pas que ça va./Tu ne penses plus que ça va./Tu ne penses jamais que ça va.
5. Nous n'espérons pas te voir./Nous n'espérons plus te voir./Nous n'espérons jamais te voir.
6. Ça ne marche pas bien./Ça ne marche plus bien./Ça ne marche jamais bien.
7. Je ne suis pas affamé./Je ne suis plus affamé./Je ne suis jamais affamé.
8. Il ne quitte pas la maison./Il ne quitte plus la maison./Il ne quitte jamais la maison.
9. Ils ne roulent pas./Ils ne roulent plus./Ils ne roulent jamais.
10. Nous n'aimons pas le poisson./Nous n'aimons plus le poisson.

Exercice n° 14
Exercise 14

1. Je n'aide pas le garçon.
2. Il ne quitte jamais la maison.
3. Une banane n'est jamais rouge.
4. Pierre n'a plus faim.
5. Je n'oublie jamais ma bicyclette.
6. La tomate n'est plus verte.
7. Je ne suis pas grand.
8. Je ne suis jamais en retard.
9. Maman n'est pas curieuse.
10. Il n'y a pas beaucoup de monde maintenant.

Exercice n° 15
Exercise 15

1. Il oublie de mettre sa bicyclette au garage.
2. Vous mangez un morceau de gâteau dans la cuisine.
3. J'aime ma mère et mon père.
4. Je ne pense pas qu'il est dans la salle de bains.
5. Nous ne quittons pas la maison.
6. Elle rêve chaque nuit.
7. J'ai une voiture.

8. Je n'ai jamais faim.
9. Ils pensent que c'est un bon film.
10. Nous regardons la télévision dans le salon.
11. J'ai besoin d'une bicyclette.
12. L'assiette est trop petite.
13. Le salon est grand.
14. La chambre à coucher est en haut.
15. Ceci est pour Sophie et cela est pour Pierre.

Exercice n° 16
Exercise 16

1. Est-ce que tu aides?
2. Est-ce qu'il laisse?
3. Est-ce que j'embrasse?
4. Est-ce qu'il va à la maison?
5. Est-ce qu'elle mange?
6. Est-ce que vous nagez?
7. Est-ce que tu es en retard?
8. Est-ce qu'il regarde?
9. Est-ce que nous donnons?
10. Est-ce que vous portez?
11. Est-ce qu'il aime le gâteau?
12. Est-ce que tu aides maman?
13. Est-ce qu'elle est gentille?
14. Est-ce que c'est la danse des Indiens?
15. Est-ce qu'il arrête l'autobus?
16. Est-ce qu'il est 5 heures?
17. Est-ce que tu accompagnes maman?
18. Est-ce que c'est normal?
19. Est-ce que Pierre conduit?
20. Est-ce qu'il y a du poisson?

Exercice n° 17
Exercise 17

1. Est-ce que tu parles l'italien?
2. Est-ce qu'il rentre à la maison?
3. Est-ce qu'il est à la maison?
4. Est-ce qu'ils écoutent la cassette?
5. Est-ce qu'il fait du sport chaque soir?
6. Est-ce que nous allons en Italie?
7. Est-ce que tu achètes une bouteille de lait?
8. Est-ce qu'il pense que ça va?
9. Est-ce qu'elles aiment le gâteau?
10. Est-ce qu'elle boit du café?

Exercice n° 18
Exercise 18

1. Est-ce qu'il écoute la cassette?
2. Est-ce qu'il boit une bière?
3. Est-ce qu'elle parle l'italien?
4. Est-ce qu'ils sont à la maison?
5. Est-ce que tu aimes faire les courses?
6. Est-ce que tu as une bicyclette?
7. Est-ce qu'ils achètent un cours d'italien?
8. Est-ce que tu montes dans la voiture?
9. Est-ce qu'il est dans le café?
10. Est-ce qu'il achète une bouteille de lait?

Test

Test

1. Enchanté.
2. De rien.
3. nous sommes
4. ils sont
5. aimer
6. s'énerver
7. lentement
8. Comment vas-tu?
9. deux bouteilles de lait
10. vingt
11. huit
12. neuf
13. jeudi
14. mardi
15. Au revoir!
16. Pourquoi?
17. aujourd'hui
18. épicier
19. aller nager
20. deux oreilles
21. visage
22. poisson
23. chaise
24. journal
25. A tout à l'heure!

Test

Test

1. jaune
2. brun
3. rose
4. pull
5. robe
6. ils portent
7. grossir
8. faim
9. c'est vrai
10. ce soir
11. cuisine
12. salle de bains
13. ils ne parlent pas
14. oublier
15. mettre
16. j'ai besoin
17. chéri
18. mars
19. quitter
20. Italie
21. gâteau
22. morceau
23. apprendre
24. assiette

Index

Index

Here is a list of words used in this book, with the number of the lesson in which they appear.

dix-neuf	*nineteen*	2
dix-sept	*seventeen*	2
donner	*to give*	4
doucement	*gently, slowly*	3
douze	*twelve*	2
écouter	*to listen*	4
embrasser	*to embrace/kiss*	4
enchanté	*delighted, hello*	1
enfant, l' (m.)	*child*	6
en haut	*upstairs*	4
entendre	*to hear*	4
épicier, l' (m.)	*grocer*	2
équipe, l' (f.)	*team*	4
espérer	*to hope*	5
et	*and*	1
été, l' (m.)	*summer*	6
être en retard	*to be late*	3
faire	*to make/do*	1
faire beau	*the weather's fine*	6
faire du sport	*to do/play sport*	4
février	*February*	6
formidable	*tremendous, amazing*	4
froid	*cold*	6
garage, le	*garage*	5
garçon, le	*boy*	2
gâteau, le	*cake*	5
grand	*big, great*	3
gros	*fat*	4
grossir	*to get fat*	4
heure, l' (f.)	*hour*	2
hiver, l' (m.)	*winter*	6
huit	*eight*	2
il y a	*there is/there are*	2
Indien, l' (m.)	*Indian*	3
Italie, l' (f.)	*Italy*	6
italien, l' (m.)	*Italian*	6
jambe, la	*leg*	3
janvier	*January*	6
jaune	*yellow*	4
jeudi, le	*Thursday*	2
journal, le	*newspaper*	3
juillet	*July*	6
juin	*June*	6
jupe, la	*skirt*	4
l'	*the, it*	1
la	*the, it*	1
laisser	*to let*	1
le	*the, it*	1
lundi, le	*Monday*	2
madame	*madam, Mrs*	1
magasin, le	*shop*	1
magnifique	*magnificent*	6
mai	*May*	6
maillot, le	*shirt*	4
main, la	*hand*	3
maison, la	*house*	2
mal	*bad*	1
manger	*to eat*	5
mardi, le	*Tuesday*	2
mars	*March*	6
merci	*thank you*	1
merci beaucoup	*thank you very much*	1
mercredi, le	*Wednesday*	2
mère, la	*mother*	1
mettre	*to put*	5
monde, le	*people*	2
monter	*to climb/get in, to rise*	6
morceau, le	*piece*	5
nager	*to swim*	3
neuf	*nine*	2
nez, le	*nose*	3
noir	*black*	4
novembre	*November*	6
octobre	*October*	6
œil, l' (m.)	*eye*	3
œuf, l' (m.)	*egg*	2
ohé!	*hey!*	1
onze	*eleven*	2
oreille, l' (f.)	*ear*	3
oublier	*to forget*	5
pain, le	*bread*	2
pantalon, le	*trousers*	4
paresseux, le	*lazybones*	3
parler	*to speak*	6

pendant	*during*	6
penser	*to think*	5
père, le	*father*	3
petit	*small*	4
pluriel, le	*plural*	3
poisson, le	*fish*	2
pourquoi	*why*	3
prendre	*to take*	2
printemps, le	*spring*	6
pull, le	*sweater*	4
quatorze	*fourteen*	2
quatre	*four*	2
quinze	*fifteen*	2
quitter	*to leave*	5
regarder	*to look*	4
rentrer	*to go/come back*	2
rêver	*to dream*	5
robe, la	*dress*	4
rose	*pink*	4
rouge	*red*	3
rouler	*to drive* *to go (vehicles)*	3
sac, le	*bag*	1
salle de bains, la	*bathroom*	5
salon, le	*sitting room*	5
salut	*hi*	1
samedi, le	*Saturday*	2
s'appeler	*to be called*	1
savoir	*to know*	3
seize	*sixteen*	2
semaine, la	*week*	2
sept	*seven*	2
septembre	*September*	6
sérieux	*serious*	6
servir	*to serve/to be used for*	4
short, le	*shorts*	4
six	*six*	2
sortir	*to go out*	6
souvent	*often*	6
sportif	*sporty, athletic*	4
table, la	*table*	3
temps, le	*weather*	6
tenir	*to hold*	3
toujours	*always*	2
treize	*thirteen*	2
trois	*three*	2
trop	*too, too much*	5
un	*one*	2
un, une	*a, an*	1
vacances, les (f.)	*holidays*	6
vendredi, le	*Friday*	2
verre, le	*glass, drink*	3
vert	*green*	4
vin, le	*wine*	3
vingt	*twenty*	2
visage, le	*face*	3
voici	*here is*	1
voilà	*there is*	1
voir	*to see*	4
voiture, la	*car*	2
volant, le	*steering wheel*	3
vouloir	*to want*	3
vrai	*true*	4
yeux, les (m.)	*eyes*	3

Sommaire

Summary

Characters in the dialogues:

P - Pierre
R - Robert
M - Maman
O - Monsieur Ory
Pa - Papa
Ra- Radio
Tele - Télévision
Mi - Michel
Garçon - Waiter